Todos los libros de Linkgua Ediciones cuentan con modelos de Inteligencia Artificial entrenados por hispanistas. Pregúntale al chat de tu libro lo que desees acerca de la obra o su autor/a.

Para ebooks: Accede a nuestro modelo de IA a través de este enlace.

Para libros impresos: Escanea el código QR de la portada con tu dispositivo móvil.

Obtén análisis detallados de nuestros libros, resúmenes, respuestas a tus preguntas y accede a nuestras ediciones críticas generativas para una experiencia de lectura más enriquecedora.
La transparencia y el respeto hacia la autoría de las fuentes utilizadas son distintivos básicos de nuestro proyecto. Por ello, las respuestas ofrecen, mediante un sistema de citas, las fuentes con las que han sido elaboradas.

Gonzalo de Berceo

Himnos

Barcelona 2024
Linkgua-ediciones.com

Créditos

Título original: Himnos.

© 2024, Red ediciones S.L.

e-mail: info@Linkgua-ediciones.com

Diseño de cubierta: Michel Mallard.

ISBN rústica ilustrada: 978-84-9816-245-5.
ISBN ebook: 978-84-9953-162-5.

Sumario

Créditos   4

Brevísima presentación   7
    La vida   7
    Los himnos   7

Himnos   9
    Veni Creator Spiritus pleno de dulçe lumne   11
    Ave Sancta María estrella de la mar   13
    Tu Christe que luz eres, que alumnas el dia   15
    Poema laudatorio anónimo dedicado a Berceo   17

Libros a la carta   25

Brevísima presentación

La vida

Gonzalo de Berceo (Berceo, Logroño, 1195-d. 1264). España.

Pertenece a la tradición literaria llamada «mester de clerecía», integrada por eclesiásticos y hombres de letras. Se educó en el monasterio de San Millán de la Cogolla (La Rioja), en el que ofició como clérigo secular, y fue más tarde diácono (c. 1120) y presbítero (c. 1237).

Los himnos

Berceo tradujo tres himnos del latín: se considera que los dos primeros provienen de la época carolingia: el «Veni Creator Spiritus pleno de dulçe lumne», dedicado al Espíritu Santo, y «Ave Sancta María estrella de la mar», atribuido a san Bernardo o a Fulberto de Chartres y que gira en torno a la idea de María, como madre universal; y el tercero, «Tu Christe que luz eres, que alumnas el dia».

Los himnos de la liturgia medieval se dividen en tres tipos:

1) para horas canónicas;

2) para fiestas del año litúrgico;

y 3) en honor de los santos y mártires.

Hacia el 386 san Ambrosio —como afirma san Agustín en las Confesiones (IX, 7)—, creó el himno cristiano.

Más tarde en España Aurelio Prudencio le dio un nuevo ímpetu con el Peristephanon (catorce himnos, en honor de mártires) y el Cathemerinon (otros catorce himnos, diarios).

Las liturgias visigótica y mozárabe utilizaron himnos de notable refinamiento en el siglo XII. Esta tradición fue continuada en Compostela y Ripoll, hasta llegar a los himnos marianos de fray Juan Gil de Zamora (siglo XIII), el Códice de las Huelgas y el Libro Vermell de Montserrat.

Himnos

Veni Creator Spiritus pleno de dulçe lumne

Veni Creator Spiritus pleno de dulçe lumne,
Visita nuestras mientes de]a tu sancta lumne.
Purga los nuestros pechos de la mala calumne,
Implelos de tu graçia commo es tu costumne.

Tu eres con derecho dicho confortador,
Dono dulz preçioso de Dios nuestro Sennor,
Fuent viva, fuego vivo, caridat e amor,
Unçion con que sana la alma pecador.

De la tu sancta graçia, de la tu caridat
Manan los siete dones de grant actoridat:
Tu eres dicho dedo del Rey de magestat,
Tu façes a los barbaros fablar latinidat.

Ençiende la tu lumne en el nuestro sentido
Que ayan nuestras almas en ti amor complido:
La pereza del cuerpo que anda amortido
Sea resuçitada por el tu don complido.

Del mortal enemigo tu graçia nos defienda,
Danos commo vivamos en paz e sin contienda:
Tu sei guion nuestro, cubranos la tu tienda
Que escusar podamos toda ma]a façienda.

Danos sen que sepamos el Padre entender
Avueltas con el Padre al Fijo connoçer:
De ti commo tengamos creençia e saber,
Commo eres con ambos un Dios e un poder.

Loor sea al padre e al su engendrado:
A ti Creator Spiritus, de ambos aspirado:
El Fijo que por nos fo en cruz martiriado
Envienos la graçia del Spiritu sagrado. Amen.

Ave Sancta María estrella de la mar

Ave Sancta María estrella de la mar,
Madre del Rey de gloria que nunqua ovist par,
Virgo todas sazones, ca non quisist pecar
Puerta de pecadores por al çielo entrar.

A ti fue dicho Ave del angel Gabriel,
Vierbo dulz e suave plus dulçe que la miel:
Tu nos cabten en paz, madre siempre fiel
Tornó en Ave Eva la madre de Abel.

Solvi los pecadores que iaçen enrredados,
Da lumne a los çiegos los que andan errados,
Tuelli de nos los males que nos tienen travados,
E ganannos los çienes de qui somos menguados.

Demuestrate por Madre, muevate piadat,
Ofreçi nuestras preçes al Rey de magestat,
Acabdanos la graçia por Dios e caridat,
Del Fijo que en ti príso umanidat.

Virgo madre gloriosa singular e sennera
Plena de mansedumbre, plus simple que cordera,
Tu nos acabda, madre, la vida verdadera,
Tu nos abri los çielos commo buena clavera.

Tu guia nuestra vida que non la enconemos,
Tu sei nuestra via que non entropeçemos:
Tu nos guia, sennora, quando daqui iremos,
Commo a Dios veamos, con él nos alegremos.

Loor sea al Padre, al Fijo reverençia,
Onor al Sancto Spiritu non de menor potençia,
Un Dios e tres personas, esta es la creençia,
Un regno, un imperio, un rey, una essençia. Amen.

Tu Christe que luz eres, que alumnas el dia

Tu Christe que luz eres, que alumnas el dia
Que tuelles las tinieblas, façeslas ir su via,
Bien creo que luz eres, lumne de alma mia,
E que predigas lumne e toda bien fetria.

Sennor e Padre Sancto, a ti merçet pedimos.
Por ti en esta noche seamos defendidos
Que folguemos seguros de nuestros enemigos,
Ayamos noche buena los de ti redemidos.

De suenno de part mala non seamos tentados,
Del enemigo malo non seamos hollados,
Non consienta la carne al rey de los pecados,
Que da malos conseios, suçios e enconados.

Los oios prendan suenno, commo es su natura,
Los corazones velen, esto es derechura:
Defienda la tu diestra sancta de grant mesura
Los siervos que te aman, oran la tu figura.

Torna a nos tus oios, tu, nuestro defensor,
Refieri al diablo, un mal envaidor,
Gobierna los tus siervos, tu, buen gobernador,
Los que con la tu sangre comprast con grant dolor .

Sennor, de nos te miembre, denna nos defender
Que non pueda la carne la alma confonder:
Sennor que por las almas quisist passion prender
Tu non nos desampares, nin nos desses perder .

Tu, Padre de los çielos en todo poderoso,
Con el Fijo qual tu non menos poderoso.
E con el Spiritu Sancto de donos graçioso,

Tu nos da fin perfecta, a las almas buen poso.
Amén

Poema laudatorio anónimo dedicado a Berceo

1. En el nomne de Dios que fizo çielo e tierra
Sin cuyo guionage tod el que fabla erra,
Quiero fer una prosa que noble gesta ençierra
Dun trovador famado de Rioia la tierra.

2. En un pueblo pequenno nomnado de Berçeo,
Logar de la Rioia, que yaz chico paseo,
De Sant Millan de Suso, digolo sin rodeo,
Don Gonzalvo fo nado: esto yo bien lo creo.

3. Esto yo bien lo creo: dizlo en versos rimados
El misme don Gonzalvo, que míso en sus deytados
Verdades bien fermosas, e dichos colorados:
Maguer que lo creades, non seredes blasmados.

4. De que fo peonçiello al conviento fo aducho
Daquellos claustreros que li dieron conducho,
E li amaestraron bien tanto como mucho,
Semnaron bona tierra, ovieron largo frucho.

5. Los monges beneytos, omnes derechureros
Guiaronli por sendas, por sendas e senderos,
Mostraronli caminos planos e sin oteros:
Dios tenga las sus almas de tan bonos obreros.

6. Foronli amaestrando en la lengua latina,
Que a poco de migero li foe paladina,
Dieronli desende mucho buena doctrina
Mucho mas provechosa que caldo de gallina.

7. Qui castiga al nesçiente, qui departe al mendigo
El bon yantar del alma, el rico pan de trigo
Vera-mientre mereçe seer de Dios amigo:
Qui ansi non lo façe, non meresçe un bodigo.

8. Depues de latinado la sancta theulugia
Apriso much afirmes dentro de la mongia:
Los claustreros negrados, omnes sin arlotia
Guiaron al criado por la çertana via.

9. Maestre don Gonzalvo en todo bien nodrido
La su vocaçion sancta nunqua míso en oblido:
Grant tiempo comidio, manamaxiella estido
Rogando a don Christo quel diese bon sentido.

10. La su oration fecha, ovo vera sentençia:
En ser de clerisia míso toda femençia
Por fer a Dios serviçio con mucha atenençia,
E a Sancta Maria ques Virgo sin fallençia.

11. Mill cc. e veinte corrie estonçe la era
Del Fiio de la Virgo, esto es cosa vera,
Quando el buen don Gonzalo de diaconia era,
Desent fizose preste, çerçenó la mollera.

12. De cuer querie al mendigo, dolies de so laçerio,
Acorrie al famniento, dabali refrigerio:
Maes querrie ser muerto dentro un çimiterio,
Que veder al vezino lazrar en captiverio.

13. Los moros cativaban muchos bonos christianos,
Los unos leoneses, los otros kastellanos,

Los unos estremennos, los otros rioianos,
Oraba a Dios por todos, alzaba las sus manos,
Que los tirase dende de poder de paganos .

14. A la sue karidat su dictrina era egual,
Ca vinie en arienzos de lumne çelestial,
Semeiaba un estrella, semeiaba un christal,
Allumnaba con ella, façe bien que non mal.

15. Mucha bona vierba de la su boca exia,
Que guiaba a los çecos, esa yente radia,
E confuerto a los febles lis daba todavia:
Mucho a los malatos lis daba de mengia.

16. A los que de lo suyo no dan una bocada,
Nin prestan guionaie a la gente errada,
Don Xpo lis deniega la sied en su albergada:
Yo non darie por ellos una nuez foradada.

17. Gonzalvo de Berçeo caboso coronado,
Preste muy sabidor e omne bien senado,
Fiz de controvaduras e de mucho dictado,
Pora dar a las yentes mucho buen gasayado.

18. Fiz de Sancto Domingo el natural de Cannas
Una fermosa rima sin nesunas patrannas,
Que regunza sos techos, sos miraglos e mannas:
Esto bien lo creades, mas val de çien castannas.

19. Fizo de Sant Millan el varon cogollano
Natural de Berçeo, deytado tan sobrano,
Que de cuer lo debrie tener todo rioiano,

O portarlo consigo o leerlo cutiano.

20. Yaz en el cuemo el Sancto ganó bona sollada,
Quano rancó en el campo la hueste moriscada,
Cadiendoli a sos piedes esa mala mesnada:
Porend ganó los votos preçio de grant sonada.

21. De la sagrada Misa ques Sancto Sagrifiçio,
Que uffrió al Padre Eterno aquel que disso sitio,
Controvó una rima tan plena de deliçio
Que confuerta a los febles, e los tira de viçio.

22. Al testamiento viejo tollóli la cortina,
Destaió los misterios daqúella ley divina,
Desend explanó el nuevo, esa ley paladina
Que nos donó don Christo Fiio de la Reyna.

23. De la Virgo Maria ovo muy grant taliento
De seer so joglar, trovar por rima e cuento
Los sos duelos et loores que foron mas de çiento:
El so sancto criado nos de espiramiento.

24. Al leer estos duelos ¿qui podrá non plorar,
Vediendo a la Madre cabe la cruz lazdrar,
Reguardando so Fiio, catandoli pasar,
Lorando de los oios de lagrimas un mar?

25. Controvó sus loores en metros tan rimados
Que por muchos pipiones non serien preçiados:
Los laçerios que dieron los duelos ementados,
Leidos los lodores en gozos son cameados.

26. Ytem, de los miraglos que fizo la Gloriosa,
Escripso otro libriello de rima bien sabrosa:
Los miraglos son muchos, es muy luenga la glosa,
Peroque non son todos metudos en la prosa.

27. Leyendo en Sant Ieronimo un preçioso libriello
Que fizo de los signos del iuiçio esti cabdiello,
Romanzó otra prosa tan noble tratadiello,
Ques un romanz fermoso, nin grant nin poquiello.

28. Poquiello en la scriptura, peroque grant en lo al,
Ca destaia los signos del iuiçio final
Que an a pareçer ante el die cabdal,
En que verná don Christo alcalde celestial.

29. Non trovará el mezquino aquel die de pena
Rancon do se asconda, nin una socarrena:
I a faz terrá amariella, non la terrá serena:
Don Christo nos empare, e la de gratia plena.

30. Quiquier que bien comida aquel día de iuiçio,
Tirarse ha de pecado, tirarse ha de viçio:
Omnes que andais radíos, metudos en forniçio,
Tiratvos aosadas de tan falso deliçio.

31. Otrosí don Gonzalvo fiz una vera estoria
Que regunza la gesta de la Virgen don Oria,
Esa toca negrada, dont príso nomne Soria:
Fallará qui la leya, much oro, nulla escoria.

32. Fo la freyla don Oria del oro ausi nomnada:
Dentro un monesterio yógo emparedada:

Com de fornax el oro ixio puriliada:
Bendichos los parientes de tan sancta criada.

33. Del martir Sant Laurençio romanzó otra scriptura,
Fo en Roma martiriada tan sancta creatura,
Asaronli en parriellas sayones a rencura,
Imperante don Deçio, omne de auçe dura.

34. Don Gonzalo el caboso preste noble e dino
Fizo destos deitados en romanz paladino,
Tirando las razones del lenguage latino.
Porent sea laudado el que es uno e trino.

35. Muy grant pro a las almas fiz esti coronado,
A las almas de todos de sivuelque estado,
Por tollerlas a todas de todo mal pecado.
E aduçirlas al çielo, ont todo bien es dado.

36. Pora fer sues prosas non clamó las deidades,
Cuemo la yent pagana con las sus vanidades;
Clamó al Dios vero de do las podestades
An tod el poderio, e an las voluntades.

37. Clamó a la Gloriosa, a la Sancta Reyna
Que es de los errados estella matutina.
E de los lazerados tan presta meleçina:
Tollóli de los oios la negrada cortina.

38. La negrada cortina tollóli de los oios,
Por end non andido errado por medios los rostroios.

Que fieren crua-mientre commo fieros abroios
Al que non ora a ella bien fitos los hinoios.

39. Los ioglares christianos que pora fer sues prosas
Demandan al acorro a deidades mintrosas,
Semeian paganismo que ora dioses e diosas,
E preçia mas follias que verdades fermosas.

40. Estos malos ioglares tienen a Dios grant tuerto.
Van por camin errado, errado qüe non çierto,
Lexan por las deidades al que fo por nos muerto.
Meresçen los atales colgar en un veluerto.

41. Sabedes por que oran a mintrosas deidades?
Sosegat un poquiello, quiero que lo oyades:
Por vuestro bien seer que non me retrayades,
Non vos mintré, amigos. esto bien lo tengades.

42. Meten en sus deytados, de zuennos e follias
Que non valen a tanto cuemo dos chirivias.
Pora fer tales prosas estas yentes radias
Demandan el acorro de las falsas vailias.

43. Qui contarie toda la gesta sobeiana
Del preste don Gonzalvo e la cosa çertana,
Sos fechos, sues andadas? La yente kastellana
Que visquieron estonçe, dizrien cosa plana.

44. Beneytos los parientes de tan noble criado,
Beneytos los maestres de tan bon coronado,
Beneyta la villa do tal Fiio fo nado,
Beneyto don Gonzalvo que fiz tanto dictado. Amen.

Libros a la carta

A la carta es un servicio especializado para
empresas,
librerías,
bibliotecas,
editoriales
y centros de enseñanza;
y permite confeccionar libros que, por su formato y concepción, sirven a los propósitos más específicos de estas instituciones.

Las empresas nos encargan ediciones personalizadas para marketing editorial o para regalos institucionales. Y los interesados solicitan, a título personal, ediciones antiguas, o no disponibles en el mercado; y las acompañan con notas y comentarios críticos.

Las ediciones tienen como apoyo un libro de estilo con todo tipo de referencias sobre los criterios de tratamiento tipográfico aplicados a nuestros libros que puede ser consultado en Linkgua-ediciones.com .

Linkgua edita por encargo diferentes versiones de una misma obra con distintos tratamientos ortotipográficos (actualizaciones de carácter divulgativo de un clásico, o versiones estrictamente fieles a la edición original de referencia).

Este servicio de ediciones a la carta le permitirá, si usted se dedica a la enseñanza, tener una forma de hacer pública su interpretación de un texto y, sobre una versión digitalizada «base», usted podrá introducir interpretaciones del texto fuente. Es un tópico que los profesores denuncien en clase los desmanes de una edición, o vayan comentando errores de interpretación de un texto y esta es una solución útil a esa necesidad del mundo académico.

Asimismo publicamos de manera sistemática, en un mismo catálogo, tesis doctorales y actas de congresos académicos, que son distribuidas a través de nuestra Web.

El servicio de «libros a la carta» funciona de dos formas.

1. Tenemos un fondo de libros digitalizados que usted puede personalizar en tiradas de al menos cinco ejemplares. Estas personalizaciones pueden ser de todo tipo: añadir notas de clase para uso de un grupo de estudiantes, introducir logos corporativos para uso con fines de marketing empresarial, etc. etc.

2. Buscamos libros descatalogados de otras editoriales y los reeditamos en tiradas cortas a petición de un cliente.